001

002

003

004

005

006

007

008

009

010

011

3

012

013

014

015

016

017

018

019

020

021

022

023

024

025

026

027

028

030

029

031

032

033

034

035

036

037

038

039

040

041

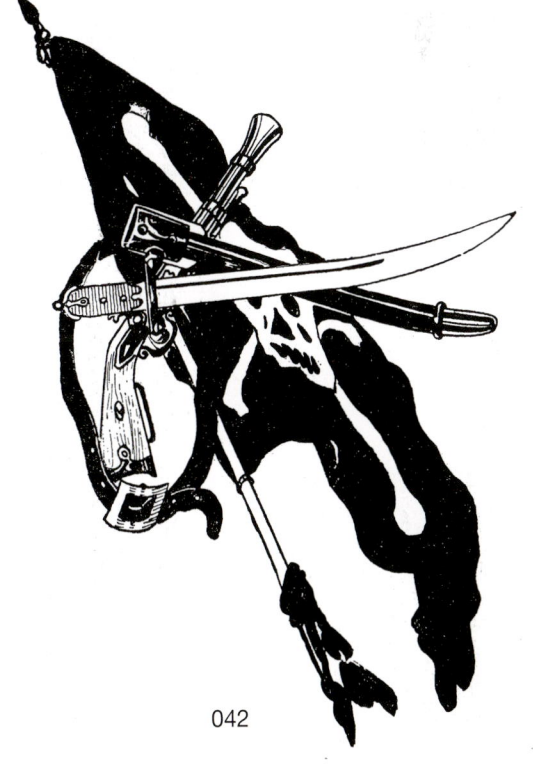

042

043

044

045

046

047

048

049

050

051

052

053

054

14

055

056

057

058

059

060

061

062

063

064

065

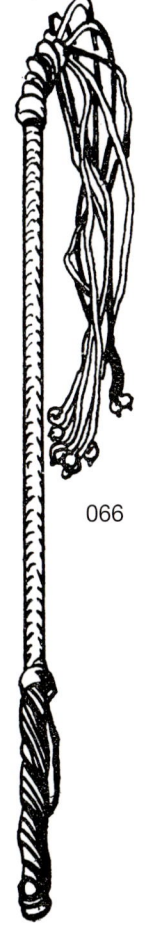

066

067

068

069

070

071

072

074

073

075

19

076

077

078

079

080

081

082

083

084

085

087

086

088

089

090

091

092

093

094

095

096

097

098

099

100

101

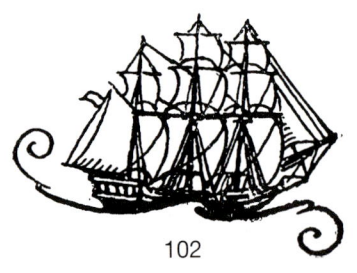

102

103

104

105

106

107

108

109

110

111

112

113

115

116

117

118

119

120

121

122

123

124

125

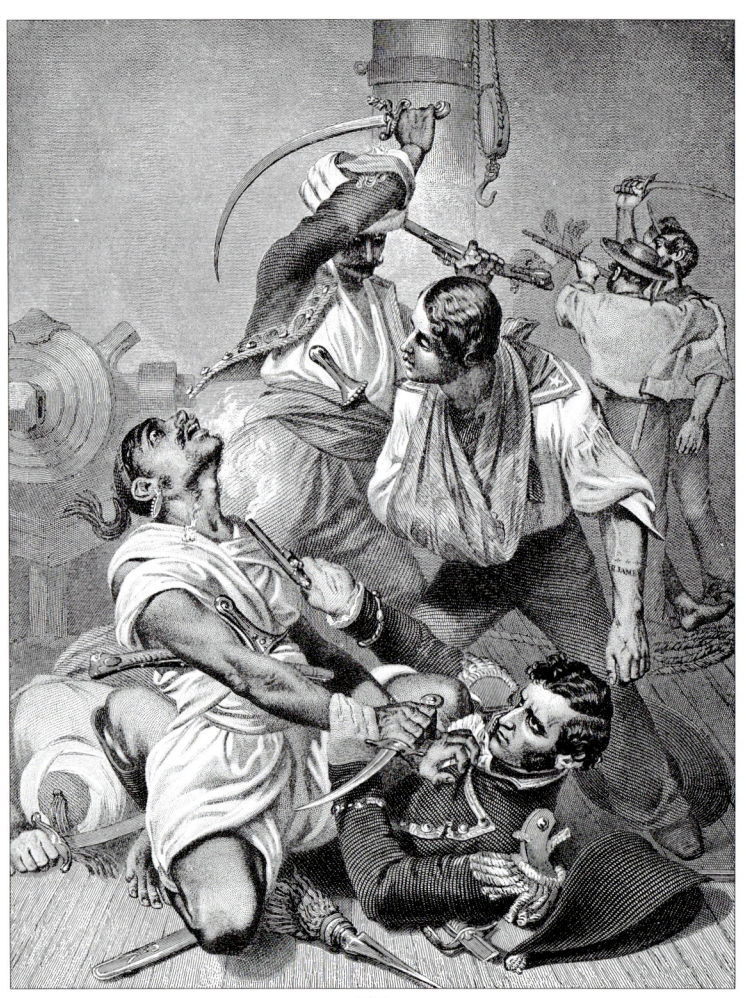

126

127

129

128

130

131

132

133

134

135

136

137

138

139

140

141

142

143

144

145

146

147

148

149

150

151

152

154

153

155

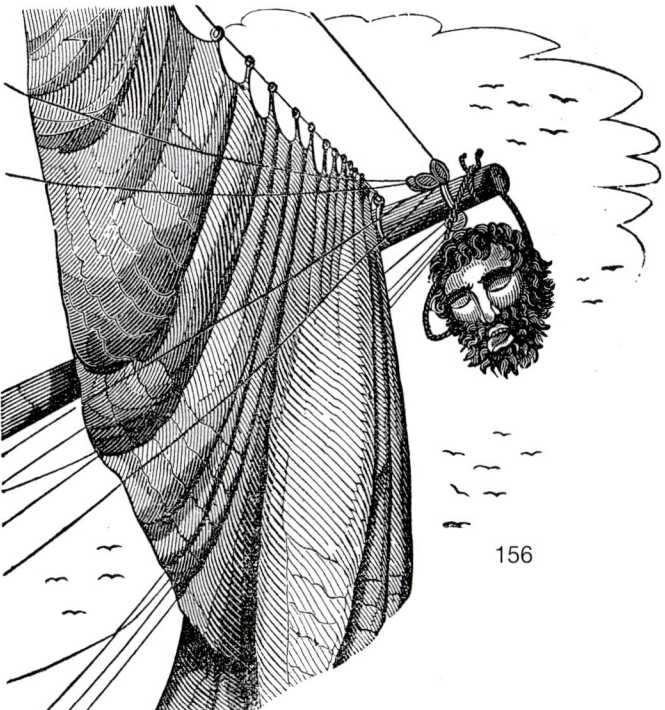

156

157

158

159

160

161

162

163

164

165

166

167

168

169

170

171

172

173

174

175

176

177

178

179

180

181

182

183

184

187

185

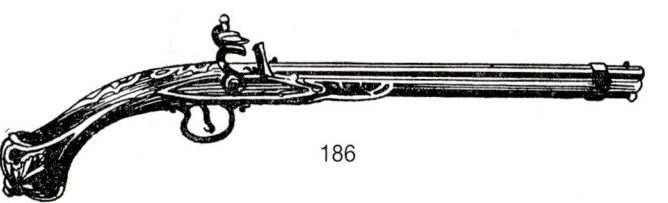

186

188

189

190

Index of Artists

ARTIST UNKNOWN, 003, 005, 009, 011, 018, 019, 023, 025, 030, 031, 032, 034, 035, 059, 060, 061, 073, 077, 080, 086, 089, 092, 093, 099, 102, 107, 109, 111, 117, 120, 121, 124, 127, 131, 132, 133, 134, 136, 137, 142, 147, 156, 157, 161, 164, 170, 175, 177, 188, 190

BRANGWYN, FRANK, 100, 118, 176

CHAPPEL, ALONZO, 126
CLINEDINST, B. WEST, 039
CRAWFORD, WILL, 029, 064, 128, 172, 183

DRUMMOND, SAMUEL, 056

FLANAGAN, JOHN RICHARD, 026
FLINT, WILLIAM RUSSELL, 006, 028, 037, 057, 087, 171, 184

GRANT, GORDON, 108, 180

MARCHAND, J. N., 074, 122, 146, 154
MURRAY, THOMAS, 014

NEILL, JOHN R., 058

PAGET, WAL(TER), 071, 110, 123, 139, 179
PARTRIDGE, BERNARD, 084
PICKERSGILL, F. R., 038
PRINCE, WILLIAM MEADE, 027
PYLE, HOWARD, 001, 002, 008, 012, 015, 017, 044, 045, 048, 050, 053, 054, 063, 072, 075, 078, 088, 091, 095, 097, 101, 103, 105, 106, 112, 113, 114, 129, 130, 138, 140, 149, 158, 160, 162, 163, 166, 167, 182

REID, STEPHEN, 007, 070, 076, 094, 145
RHEAD, LOUIS, 049, 062, 082, 119, 165
RODGERS, RICHARD H., 068

SCHOONOVER, FRANK, 085, 174
SLOAN, JOHN, 016, 169, 189

VARIAN, GEORGE, 033, 051, 055, 067, 096, 098, 104, 115, 125, 173

WILLIAMS, GEORGE ALBERT, 004, 010, 013, 021, 022, 024, 036, 040, 041, 042, 043, 046, 047, 052, 065, 066, 069, 081, 083, 143, 144, 148, 151, 152, 153, 159, 168, 178, 181, 185, 186, 187
WYETH, N. C., 020, 079, 090, 116, 135, 141, 150, 155

(See the CD-ROM for detailed information on the artwork.)